새미현대시선 ❷

수직으로 내리는 비는 둥글다

문현미 시집

새미

수직으로 내리는 비는 둥글다

시인의 말

는개가 뿌리는 날 재래시장에서 푸성귀를 파는 할머니의 손앞에서 발이 멈추었다. 벌레 먹은 아욱이라도 내다 팔지 않으면 견디기 힘든 회색 아날로그 삶이다. 희뿌연 연기 같은 머리칼 사이로 까닭없는 가난이 흐르고 있다. 잠시 할머니의 손과 내 발 사이에 따뜻한 시간이 융단처럼 펼쳐진다. 주머니에서 은색 동전 하나를 끄집어 내어 흙묻은 소쿠리에 살짝 얹어 놓고 돌아서자 어린 눈물이 핑그르 돌았다.

역전에서 물끄러미 개찰구를 쳐다보는 지게꾼의 얼굴에서 눈을 떼기가 여간 힘들지 않았고, 한여름 불볕 더위를 등에 지고 아이스케키를 외치는 꾀죄죄한 사내애의 간헐적 파열음에도 마음 한 켠이 짠해왔다. 저녁에 라디오에서 흘러나오는 연속극 주제가의 가사가 엷은 귀를 콕콕 짓누르기도 했고, 한 밤중 이상야릇하게 흩어지는 찹쌀떡 장수의 고음 때문에 책을 읽던 눈길이 떨리기도 했다. 그러다가 통행금지 사이렌에 이불을 덮어쓰고 불안을 몰아내려 뒤척였던 기억이 아슴푸레하다.

남달리 아픔을 아파하고 서러움을 서럽게 호흡하던 길위에서 언제나 소망하는 게 있었다. 삶에서 이것이 없다면 마른 강가에서 물고기를 기다리는 것과 다름없다. 시간의 흐름에 따라 다양한 모습으로 다가오는 이것이 있기에 삶은 신비롭고 풍요로운 무언가로 느껴진다. 무엇에도 약해지고 싶지 않았으나 마음의 물결이 흘러가는 생명에게는 스스로 순한 짐승이 되었다. 복종의 길을 갈지라도 행복하게 느끼게 하는 것, 혼자보다는 함께 있을 때 더 감미가 감도는 열매를 맺게 할 수 있는 것, 끊임없이 이것을 찾고 있다.

눈물과 연민과 외로움, 이런 씨앗들이 시의 나무를 기른 것 같다. 수많은 나무들 중에서 오직 이 나무를 선택한 것은 지금껏 찾고 있는 영혼의 토양인 '사랑'으로써 제일 잘 키울 수 있겠다는 믿음 때문이다.

항상 시를 곁에 두고 있으면서도 시에 욕심을 부리고 승부를 걸기도 한다. 그러나 결국은 이런 굴레에서 벗어나 진정으로 시를 바라볼 수 있어야 할 것이다.

삶은 원하든 원치 않든 선택을 하고 선택을 받는, 끝없이 선택의 길이다. 선택의 갈림길에서 평생 시와 더불어 살 수 있다면, 누군가의 심혼을 깊이 울릴 수 있는 시를 한 편 지을 수 있다면 가장 죄없는 영혼의 아름다운 선택이리라!

2004년 여름 천안 태조산 기슭에서
문현미

• 차례

제1부 벚꽃 속으로 뛰어들다

제2부 어떤 모순

제3부 마이너스 통장에 올무 걸리다

제4부 위험한 시대

제5부 남녀에 대한 따뜻한 기억

1부

벚꽃 속으로 뛰어들다

입속의 혀가 느낌표를 찾는다

황홀한 만남에는 언제나 떨림이 있다
곳곳에서 흩날리는 싱싱한 봄의 살점
잠시 작은 우주의 기둥이 기우뚱한다

허기져 절룩거리는 그리움의 바퀴를
굴린다, 데구르르르……

들쑥날쑥한 세상의 톱니가 맞물리고
구르고 굴러서 끝과 시작의 경계가 없는
빛밝은 바퀴가 슬스렁 돌아간다

수천겹 새순이 연초록, 진초록 신호등을 켠다
마음 길을 여는 아름다운 느낌표, 봄!

아침 바다

빛나는 하루의 시작을 위해
가만히 어둠을 저울질 한다

깊고 그윽하게 숨쉬는 밀물, 썰물

가끔씩 붉은가슴도요새는
날개 죽지에 오색으로 번지는
물소리를 담아서
미완성의 그림을 그리고

멀리 수평선이 꿈꾸는 듯
봉오리처럼 갓 피어나는 아침

캄캄한 세상의 문이 동터온다
새벽을 길어 올리는 모래톱에서

어느 기다림

산정을 뒤흔들고
쫓기는 듯 달음질치는
겨울 바람의 심장에서
맵고도 아린 향기가 났습니다
그 향기에 갈비뼈 하나가 붙들려
산벚꽃망울을 살짝 터뜨렸습니다
잠시 전신을 감싸다가 흩어지는
짜릿하고 감미로운 봄의 맛
겨울 끝의 싸한 햇살이
까칠하게 긴장되었던
볼우물을 지그시 누릅니다

겨울과 봄의 막막한 경계선에
오래 전부터 간직한
쓸쓸한 풍경 몇 장을 걸어둡니다
슬픔의 매듭이 풀어지면서
하늘로 훠이훠이 날아갑니다
얼어 붙었던 기다림의 손끝에
따뜻한 피가 빠른 속도로 돌고
가장 아름다운 봄이 필 것 같은
예감에 자꾸만 목이 마릅니다

겨울봄의 편지

산의 어둠을 앞당겨
깨우는 법고 소리

새벽 예불을 드리는
사미승의 손에서
사랑 냄새가 난다
아침이면 겨울새들이 쪼고 갈
먹이를 가져다 주는 손

산골짝 돌아
처마 밑에서 기웃거리는
바람의 인기척에
눈비비며 실눈 뜨는
풍——경 소리

이따금씩 고드름에서
떨어지는 잔물의
독경 소리
섬돌 아래 벌레들
어설픈 촉수 까닥거린다

겨울 산사에는
절로 쓰는 화답의 편지가
싸륵싸륵 쌓여만 간다
끝이 보이지 않는
고요의 경전 속으로

3월, 순간 포착

내 눈속에서
잎들이 파릇파릇 돋아난다

여기저기 꽃들이 피어나는
소리가 붉게 끓어 오른다

선홍빛 어지럼증이
전염병처럼 번지는 오후

첨벙, 봄바다에 뛰어든다
잠시 꽃물결이 출렁이고

바람 소리, 허공을 향해
새순 0.1mm 뻗어가는 소리

수직으로 내리는 비는 둥글다
– 축제

조금도 경계가 없는 비가
내린다, 한 곳도 빠트리지 않고

아무리 애써도 달라지지 않는 생의
그물을 붙든 쪽방 노인이
언제나 무상으로 찾아오는 손님을
맞으려고 물갈퀴 손등을 내민다

낡은 살의 굴곡을 따라
크고 작은 물동그라미가 또르르
반가운 노랫가락을 흥얼거린다

환희에 부푼 은빛 방울들이
파란 음표를 송알송알 엮어내고
흔들리는 잎사귀마다
손풍금을 켜는 날

멀리 지상의 웅달에서
오래 묵은 상처들이
씻겨 내려가는 소리가 하염없이 둥글다

수직으로 내리는 비는 둥글다
— 연애

경계가 뚜렷한 지상의 감옥에
내린다, 비가 내린다

어둠을 손끝에서 덜어내는
불안한 원고지에도 내리고
얼떨결에 슬픔을 꿀꺽 삼켜버린
소녀 가장의 속눈썹에도 내린다

깜박! 백열등이 켜진다
해묵은 옷장속 암실 한 켜에

촉촉한 무채색 필름이 현상된다
스산한 생의 뒷골목에서
구릿빛 팔뚝이 끌어가는
리어카의 바퀴살따라

아무런 대가도 바라지 않고
내리는 비가
처음부터 끝까지 주기만 하는
어떤 둘도 없는 사랑 같아

수직으로 내리는 비의 감촉을
수평의 몸으로 바꿔서

갈증난 연애처럼 빨아 들이는
둥근 시간

수직으로 내리는 비는 둥글다
– 동행

내린다, 비가 내린다
뿌리 없는 영혼들의 마을에

머리칼에 서리 내린 시인의
몇 줄 시행이 실내악처럼 젖는다

방금 사랑하는 이와 헤어진
가난한 발걸음을 따라와
함께 눈물을 뿌리는 비

상기된 얼굴로 젖을 물리는
젊은 엄마의 탐진 볼우물에서
수줍은 듯 머뭇거리다가
소독 냄새 흐르는 시간을 견디는
회색 병동을 기웃거린다

후회의 끝에서 불안을 뱉아내는
무거운 날숨의 긴 줄기 위로
내린다, 비가 내린다
봄날 채마밭에 씨를 뿌리듯이

걸림없는 무소유의 비가
고단한 세상의 뿔을 둥글게 깍아낸다

찬란한 슬픔

하늘 저편 양떼 구름 사이로
언뜻언뜻 고향집 쪽마루가 보인다

둑길 따라 취한 듯 흔들리며
돌아오지 못할 길을 가는
꽃상여의 비릿한 행렬

이제 가면 언제 오나
오실 날이나 일러주오
너허 너허 너와너 너이 가지 넘자……

상두꾼의 목울대를 밀어올리는
바작바작한 소리가
허공 한 자락을 붙들고 바장이는데

쩌얼렁—뼈를 쪼개는 듯
흩어지는 요령 소리는
찬란한 가을 하늘에
부질없이 매캐한 슬픔을 뿌리누나

벚꽃 속으로 뛰어들다

잠시만 바라 보아도
눈동자에 꽃물이 든다면
가까이 다가갈수록
치사량의 전율에
몸의 축이 흔들거린다면

봄날은 가는데
서늘한 비명도 없이
적멸의 평화 속으로
꽃이 사뿐히 고개를 떨군다

이대로 가만 있으면
바로 증발해 버릴 것 같은 지금

망울의 황홀한 절정에
포로가 된 바람같은 순간
차라리 투명한 유혹 속으로
첨벙 뛰어 들어
활활 꽃불을 지르고 싶다

환하게 툭-툭- 터지며
웃음 가득 머금는 실핏줄
희망처럼 부풀어 오른
우주에 햇볕이 와르르 쏟아진다

여름

짙고 옅은 녹색 정원
청록으로 물드는 속마음

하얀 돛대에
순한 그리움 싣고

바다마다 타오른다
짧고 황홀한 남빛 열정

하늘 편지

언제나 다가가고 있습니다
알에서 갓 깨어난 깃털로 씁니다

머리에서 발끝까지
따뜻한 입김만을 모아서 보냅니다

무한히 찬란한 하늘의 문이
조금씩 열릴 것만 같아
속거울이 반짝입니다

마음 깊은 어딘가에서
샘물같은 소리가 퐁퐁 솟아납니다

지금은 세상에서
더없이 가난한 편지를 쓰는 시간

새벽녘 풀섶의 떨림을
미리 아시는 손길이 닿아
피흘린 자리에 뽀얀 새살이 돋습니다

동해 바다

청도포를 입고 물때썰때를
지켜온 듬쑥한 군자
수억년간 곰삭은 슬픔과 아픔을
하얀 은쟁반에 담아서
푸른 심장으로 끌어안는다

눈 내리는 날

눈이 내린다, 창이 열린다

말없음에 길들여진 풍경들이
마침내 하얗게 말문을 연다

사악한 세상의 지붕들을
나즈막한 봉분으로 만드는
빛나는 적멸의 손길

스스로 순백의 사랑을 붙들고
냉혹한 삶의 지형도를
온전히 바꾸어 놓는

환한 죽음의 부활

겨울 나무

지금껏 나, 듣지 못했네

겨울 나무의 심장에서
헐벗은 뒷꿈치의 실핏줄까지
더운 마음 보내는 소리를

이제사 겨우 눈 뜨네

뿌리에서 데워진 온기는
모두 내어주고도 절망으로
떨어지는 목숨을 빛낼 수 있다네

나, 오늘 알게 되네

풍설을 견뎌온 나무들이
몸 얇은 잎들의 신선한 아침을 위해
뜬 눈으로 새 길을 닦으면
헐겁고 물렁한 뼈와 살이 녹아서

차마 꺾을 수 없는 애기가지들이
끊임없이 훌훌 태어난다네

2부

어떤 모순

좋은 착각

모르핀을 맞지 않고도 중독되는 순간
내가 나라고 부르거나 남이 나라고 말하는
껍질로부터 무한 탈출이 시작된다

거추장스러운 나이도 증발해 버리고
아슬아슬하게 지탱해온 자존심도 실종되는

쉬지 않고 터져 오르는 망울의 여운따라
하늘거리는 생각의 그림, 그림들

언제까지나 육탈한 불꽃이 타오를 것인가
몸과 마음의 제동장치가 아예 꼼짝하지 않는 때

모든 것이 사랑이다, 문을 열기만 해도

비의 숨결을 붙들다

초록물이 뚝뚝 떨어지는 봄비
사랑의 소리가 웃자란다

살아있는 모든 것의
팍팍한 밑바닥을 토닥거리고
냉랭하게 말초에서만 까닥거리는
쓸쓸한 자유의 온도를
한 순간에 불지핀다
추억의 데이터베이스에서
독버섯처럼 올라오는 파일들이
비의 바퀴에 매달려 흐느적거린다

비, 비, 봄비, 수직으로, 사선으로
물거울 위에서 잠시 몸부림치다가
마른 땅과 황홀하게 입맞추는 봄비
은하수의 옹달샘에서 수억광년을 달려와
지구별에 무지개 춤사위로 내리는

이 봄에 누군가의 심장 속으로
화살처럼 꽂혀 바로 더운 혈류의
급물살을 타고 마음껏
돌아다니는 비가 되고 싶다

그대, 보이지 않는 심연의 중심부에 들어가
천년이 흘러도 썩지 않을 탑을 세우고 싶다

누가 이 홍보석 같은 생피를 받아다오

어떤 모순

부풀대로 부푼 너에게 은밀하게 다가가서 아주 조심스럽게 서서히, 아찔하게 닿는 순간 조금씩 배어나오는 새콤하고 달콤한 속살의 향기 처음부터 너는 단단한 문을 열고 아무런 욕심도 없이 단내나는 젊음을 맡겼다 오랫동안 내 속에 잠복해 있다가 못대가리처럼 삐져나와 날카롭게 날이 선 욕망은 조금도 모른 채 한 계절 내내 더운 피 녹여 만든 눈물로 어루만지던 비의 희생도 잊고서 뼛속까지 들어와서 너의 버팀목이 되어주고 살을 탐지게 튕겨주고 부드럽게 흔들어서 눈부시도록 환한 알몸의 빨간 유혹을 키워준 햇살의 사랑도 잊고서 다만 탱그렇게 익은

가을 정원에서 두렵고 부끄러운 내 손길만을 기다려 온 너, 나 오늘 너를 만남으로써 내 안에 넣음으로써 하루를 혀끝으로 살아내는 야릇한 관계의 사슬망 이 끈을 놓아 버리고도 살 수 있는 멀고도 먼 그곳 나도 없고 너도 없는 주야청청 육질 좋은 보리가 쑥쑥 자라나는 마음밭에서 다시 만날 수 있는 유정한 울림

내게 있는 것은

내게 눈이 있는 것은
그대를 바라보기 위해서입니다

내게 귀가 있는 것은
달콤한 그대를 듣고 싶어서입니다

내게 생각이 있는 것은
그대를 아름답게 꿈꾸기 때문입니다.

다행히 내게는
막아도 마르지 않을 샘이 있기에
그대를 위해 날마다
푸른 새벽이 깃든 물을 긷습니다

그러나 내게 있는 모든 것은
그대와 하나 되기 위해
숨쉬고 있는 까닭입니다

거짓말

가까스로 오랜만에
「사랑과 영혼」이란 영화를 보며
팝콘과 콜라를 먹었다

그가 느닷없이 물었다
너, 나 사랑하니?
정말로?

팝콘이 목에 걸려 캑캑거렸다
으응, 그래, 진짜로……
말이 목구멍을 넘어오면서
팝콘처럼 튀겨졌다

만족한 듯 미소짓는
그의 얼굴만큼
내 어설픈 얼굴에
슬픈 메타포가 드리운다

콜라 색깔보다 더 어두운
한 치 혀의 육중한 무게

잎새 위에 쓴 시

푸른 잎새를 찬양하게 하소서

바람이 가지 끝에서
즐거운 여운을 남길 때를 꿈꾸며

꾸밈없는 목소리로
마음껏 입술을 풍요롭게 하소서

초록의 숨결이 빛나는 시간

견딜 수 없는 영혼의 흔들림을 모아서
둘도 없이 아름답게 움트는
새순의 마음을 닮게 하소서

가장 황홀한 감탄은
나를 비우고 신에 대한 그리움에서
울려 나오는 호흡이거늘

눈보다 더 부드럽다, 꿈은

내 마음속 가득히
뜨겁도록 붉은 눈발이 날리네

들숨날숨 오고갈 때마다
허방같은 꿈의 수위 높아만 가고

들짐승의 허기진 발자국도 아닌
수행 정진하는 나목들에 걸리는
칼바람의 끝자락도 아닌

꿈의 들녘엔 눈꽃들이 피어나고
그 향기에 취한 듯
그 빛깔에 반한 듯

눈의 홀씨를 품은 나
하얗게 꿈을 키워
훨훨 날아다니겠네

교감

폭주족들이 이글거리는 세상에서
셔터를 내린다

섬뜩하게 밀어닥치는 소외의 군단
오랫동안 둥지를 튼 외로움이
달개비처럼 만—개하고
떨고 있는 꽃잎 한 장 똑, 떼내어
액정화면 속으로 스캐닝한다

우주 어느 별
그리움을 독초처럼 키운
누군가에게 메일을 전송한다
피가 쓸쓸한 알몸의 메세지를

선을 그을 수 없는 하늘에서
다운될 염려 없는 빛의 속도로
날려보낸다, 불꽃 튀는 접속!
지구별을 들어올릴 생명 하나 태어난다
복제인간은 아니야, 결단코!

차를 마시며

누구의 마음이 곡우가 내리기 전에
쏘옥 올라오는 어린 찻잎일까

오랜 시간동안 흙속에서 기른 인내의
씨앗이 고요의 밀실을 뚫고 올라온다

허공에서 감지되는 떨림의 순간에
참을 수 없이 꿈틀거리는 연둣빛 소리

속으로만 기쁨을 누르던 찻잎이
가지 끝의 아슬한 경계를 넘자
뼈없는 바람이 살랑 분다

기도하듯 찌고 말린 정성이
따뜻한 찻물에 사르르 풀리면서

떫고도 달콤한 맛이 마실수록
어두운 눈에 은빛 초롱을 켠다

어떤 더운 힘이 캄캄한 심장을 지나가자
아무런 엉킴없이 떠오르는 향긋한 삶

해넘이 무렵

환한 축복에 익숙했던 땅이
붉은 눈물을 신음처럼 뿌린다

생리를 시작할 즈음부터
노을빛에 붙들려 전전긍긍하던
순정 한 움큼이 힘없이 쪼개지며
수많은 균열이 드러난다

낮과 밤의 은밀한 교차점에서
불치병처럼 찾아드는 해넘이 앓이
살아 있는 모든 것은
다가오는 어둠에 낯설어 흔들리는 것일까

숲속의 나무들이
두려움을 뿌리로 내리며 수런거리고
새들의 날갯짓이 수상쩍게 빨라진다

어두운 미소를 설핏 던지며
햇덩이가 바닷속으로 성큼 사라지자
영혼의 바닥을 날카롭게 두드리는
소리, 야윈 그림자를 길게 드리운다

유랑민

어디서나 칠 수 있는 허름한 천막이 있고
언제나 타고 갈 수 있는 낙타가 있네

깊이를 알 수 없는 강물이 흐르고
가는 곳을 모르는 바람이 부네

끝없이 사막과 신기루와
섬과 바다가 일어났다 사라지고

때로는 끝이 보이지 않는 바다 위에
때로는 아스라한 준령 앞에 서 있네

새털구름처럼 흩어지는 한 생애가
언제라도 쏟아져 내릴 비를 몰고 다니네

내일이면 또 어느 숨막히는 곳에서
비늘 같은 나를 만나게 될까

꿈 같은 여자

흔들리는 나뭇가지 위에서
햇볕 같은 꿈을 꾼다
바람이 불면 금방이라도
날아갈 물방울 꿈을 꾼다
살기 위하여 여자는
파란 자유가 섞여 있는
바람의 깃털을 세우고
하늘 평원으로 날아 오른다
반짝이는 꿈의 포물선을 따라
어둡고 축축한 내장을 바싹 말린다
꿈 같은 여자는
영원한 삶이 있다고 내내 꿈을 꾼다
"나, 땅에 살고 있지 않아.
지금부터 그 여자가 아니야!"

만일 그대가

그대가 만일
목젖이 붉게 타오르기를 원한다면
차라리 빨간 고추잠자리가 되어
노을빛 쏟아지는 창가에
크고 작은 동그라미를 쉼없이 그리리

하지만 그대가
감잎 위로 소리없이 미끄러지는
은갈색 바람을 원하거나
가끔씩 갯내음 묻은
물새떼의 전언을 기다린다면

잃어버린 내 순한 마음을
아무런 근심없이 꿰어서
그대, 기다림으로 더욱 빛나는
이슬 가슴에 담뿍 걸어주리

그날이 멀지 않다

당신을 알고부터
무릎을 꿇는 버릇이 생겼습니다

산비탈 지붕마다
어둠을 가르는 연기가 솟아오르면
떨리는 두 손으로
가랑잎 등잔에 불을 켭니다

드문드문 어린 평화를 실은
별들이 밝아오고
크고 작은 상처의 무덤에 빛이 들면
내게 주신 책을 펼칩니다

미리내에 말갛게 씻은 별 하나가
방금 길을 찾은 눈동자속에서
상한 심지를 찾아내어 기워 줍니다

당신을 알고부터
캄캄한 울음을 약속처럼 그치고
목청껏 하늘 노래를 부르곤 합니다

3부

마이너스 통장에 올무 걸리다

유월이 오면

그날 어머니는 지상의 어머니가 아니신 듯했다 잘게 빻아진 하얀 뼈가루를 들고 실성한 아낙마냥 맨발로 달려가셨다 호미 한 자루 거머 쥔 손에서는 방향을 잃은 슬픔의 낱알들이 이리저리 빠져나가고 있었다 여름 내내 눈물처럼 내리던 장마비는 헌 옷같은 심장 한 가운데 용케도 살아있던 촛불의 심지를 뽑아버렸다 암흑천지였다 페유 먹은 듯 타악 풀려버린 동공의 초점으로 남편의 무덤을 파헤치고 일찍이 바람의 깃털이 된 아들을 함께 묻었다 그때 어머니도 따라서 묻혔다 그날 이후로 우리들은 어머니, 어머니 나라의 숲에서 새가 날아오르는 것을 한 번도 본 적이 없다 어머니가 지으신 밥을 먹으면서 밥알이 왜 그리도 짭잘한지 알지 못한 우리들은, 처음부터 끝까지 어머니의 사랑인 우리들은 만삭의 아픔을 끌고 다니신 어머니의 발 아래 무릎을 꿇고 기도 드린다 어머니, 뒤란에 빨간 줄장미가 환하게 피는 유월입니다 이제 납덩이를 쏟아내시고 사뿐히 걸음을 옮기시기를!

슬픔이 있는 풍경

거의 매일 문암 저수지를 지나간다 물은 젖은 꿈을 더 깊이 가라 앉혀서 물거울에서만 얕게 떴다 가라앉았다 한다 물먹은 나비떼인 양 비라도 뿌리는 날엔 자기만 앓는 서러움을 온몸으로 견뎌내며 조금씩, 아주 조금씩 바깥으로 내 보낸다 시간이 지날수록 물의 골은 깊게 패여가고 생동하는 봄도 그저 한 소큼, 무성한 여름도 쓰윽 기웃거리다가 훌쩍 가 버린다 쓸쓸함을 목에 감고서 가을이 물속으로 굴절되면 어느 새 물은 뿌리부터 엉켜서 결빙의 길로 들어선다 살이 오그라드는 추위가 빗장뼈를 쩌억 갈라놓는다 오늘도 문암 저수지를 스친다 어둑어둑 떨고 있는 어둠이 물속에서 심호흡을 한다 가까스로

마이너스 통장에 올무 걸리다

가끔씩은 가기 싫을 때가 있다 상습적으로 고객을 맞는 무료한 표정이 그렇다 쫓기는 삶을 담보로 굴러가는 일상의 굴레가 주기적 통증으로 욱씬거린다 겨울의 맵싸한 햇살이 기름이 모자라지 않게 붙어 있는 갈비뼈 사이로 무임승차한다 공짜가 희귀종인 이 지상에서 절로 굴러 들어오는 보너스! 유일하게 플러스만 되는 자연산 통장도 있다 하루를, 아니 한 달을, 일년을, 남은 날의 발목을 붙드는 신용카드를 집어 넣는다 명세표를 받으시겠습니까? 아니, 아니오! 향상될 희망이 전혀 보이지 않는 마이너스 통장에서 마이너스 인생을 플러스처럼 튕겨 줄 금액이 쏟아져 나온다 씁쓸한 오른 손의 감각으로 허공에서 쓸데없이 남아 뒹구는 먼지들을 잡는다 비틀거릴 일이 하나도 없는 하늘은 지상에 올무 걸린 우리들에게 좀처럼 내려오지 않고 마이너스 신용의 연속으로 흔들리는 양심의 언저리에서 치명적인 외침 소리가 들린다 저런! 내장이 본래 마이너스 통장인가?

거머리 소동

초등학교 3학년 때의 일이었습니다 외할머니댁은 초가집이었는데요 마을에서 뚝 떨어진 외진 곳에 있었습니다 거랑을 사이에 두고 서너 채의 집이 있을 뿐 사방 천지가 논밭이었습니다 뒷 방문을 열면 바로 논이어서 파란 벼들을 코앞에서 볼 수 있었고 손을 뻗쳐 까만 열매를 따 먹곤 했습니다 동네 아이들과 어울려 팬티만 입고 이리저리 돌아다니다가 냇가에서 홀랑 벗고 멱을 감곤 했는데요 그날도 마찬가지로 물장구를 치며 신나게 놀았습니다 그때 갑자기 앞집 철이가 악을 쓰며 울기에 봤더니 고추에 까만 거머리가 달라붙어 꼼지락거리고 있었습니다 모두 겁이 나서 다가가지 못하고 있었는데 어쩐 일인지 내게 용기가 생겼습니다 급한 나머지 흙을 움켜 쥐고 털어보려고 했지만 잘 떨어지지 않았습니다 그래서 사정없이 두 손으로 비볐더니 놀랍게도 말랑한 젤리 같은 게 점점 커져 곧 터질 것만 같았습니다 거머리가 떨어져 나갔는지가 문제가 아니라 이상하게도 발갛게 부풀어오른 게 땡볕이 내리 쬐는 여름 하늘을 향하고 있어서 마냥 신기하기도 하고 무섭기도 했습니다 몸에 붙어 있던 것이 눈깜작할 사이에 모양이 달라진다면 그게 어디 예삿일인가요 그때부터 나는 손의 묘한 위력을 느끼면서 '왜 내게는 똑 같은 게 없을까' 궁금해지기 시작했습니다 그리고 거머리 떨어진 자리 대신 뽀송하게 피어나는 꽃잎 한 장을 오버랩시켰습니다 아! 그토록 기다리던 방학이 못내 두렵고 쑥스러워 자꾸만 거울을 들여다 보곤 했습니다

동고동락

핸드폰 액정화면이 깜박거렸다 “xx의 부친상. 게시판 참조” 문자 서비스를 받은 사람들은 각자 ‘가야 되나, 가지 말아야 하나’ ‘얼마를 부조해야 잘 했다고 할까’ 저마다 친밀도에 따라 순결한 봉투에 거짓 슬픔과 다시 돌려받을 수 있을 만큼의 성의를 집어넣었다 문상 가는 길에 아무도 죽은 자 혹은 남은 자에 대해 말하지 않았다 오히려 아무 상관이 없는 잡담을 주고 받으며 아무일도 없다는 듯 시간이 흐르고 있었다 어렵사리 병원 지하주차장에 차를 세우고 어두침침한 통로를 따라 장례식장 표시를 찾아 들어갔다 방마다 떠난 자의 마지막 겉치레를 전시해 두었다 입구에서 모두 급하게 표정을 가다 듬었다 나를 포함하여 어쩜 이렇게 잽싼 위장 전술에 능할까

영정 앞에 서서 가슴이 저민 듯 조의를 표하는 사람들의 마음 속에는 어떤 풍경들이 걸려 있을까 "정말 무어라 위로의 말씀을 드려야 할지……" 적당하게 물기에 젖은 말들이 오가고 이내 음식이 차려진 탁자에 앉았다 삼삼오오 이야기 길은 끝이 보이지 않고 조금 전의 의전용 마스크는 순식간에 사라졌다 입으로는 떡이며, 수육이며, 과일 등이 쉴 새 없이 들어가고 죽은 자 옆에서 산 자들의 눈물겨운 욕망이 번뜩인다 죽은 자를 빌미로 한 끼를 보충하는 상부상조의, 죽음보다 더 무시무시한 세상살이 옆방에서 찬송가 소리는 하늘을 찌를 듯이 높아만 가는데

꿈속에서만

기쁨 한 줌이 숨어 있는 성적표를 들고 걸음보다 빨리 집으로 갔습니다 그날 밤 꿈에서 산사태가 일어났는데요 어머니는 그속에서 허우적거리다가 깨셨다고 합니다 4월 저녁 신경질적으로 뼈를 톡톡 건드리는 비가 내리고 있었지요 아버지는 내가 따라갈 수 없는 새 나무집으로 들어가시기 위해 말없이 누워 계셨습니다 하얀 옥양목으로 된 옷을 둘둘 말아 입으시고 말입니다 이토록 가난하게 입고 가실 줄은 몰랐습니다 살아 남은 나는 며칠 째 배를 곯은 아이처럼 아버지를 부르고 또 불렀습니다 싸늘한 주검 앞에서 울음을 식은 밥처럼 꾸역꾸역 삼키던 계집아이의 소망은 아버지의 얼굴을 딱 한 번만 보는 것이었는데요 겨우 꿈속에서만 보았지요 우러러만 보았던 하늘이 조각조각 편집되어 날개를 달던 날 어머니의 가슴에는 길이를 알 수 없는 못이 콱 박혀버렸는데요 철이 들면서 나는 그 못을 빼내는 연습을 하기 시작했지요 30여년이 지난 지금 못의 정체를 살풋 알게 되자 내게도 비슷한 못이 자라고 있는 게 아닌가요 그제서야 내가 어머니의 딸이라는 걸 다시 깨닫고 수십년간 참았던 눈물을 한꺼번에 쏟아버렸습니다 아주 바보스럽게 그것도 꿈속에서만

동심의 동료일기

내 연구실 바로 옆방에는 스스로 까다롭다고는 하지만 기쁜 날에 백합과 카네이션 그리고 약간의 푸른 잎을 사서 꽂는 사람이 있다 묵묵히 있을 때면 석고상 마스크이지만 한 번 농담을 하기 시작하면 안면 근육이 슬슬 풀리면서 우리에게 폭소 두 서너 소쿠리를 거뜬히 안겨다 준다 다른 쪽 옆방에는 보기는 털털해 보이지만 봄날에 노란 프리지아를 한아름 사서 나누어 주는 사람이 있다 어찌 보면 성의 구분이 모호해질 때도 있으나 서해안 갯벌에서 바지락땀으로 범벅된 아낙들과 남도 토말에서 뚝뚝 생리처럼 터지는 황톳바람에 안쓰러운 눈물을 몽땅 뿌리고 왔다고 한다 어쩌다 수심의 잔물결을 엿볼 때면 여리디 여린 망초꽃잎이 곁에 있는 것 같다 다시 다른 쪽 옆옆방에는 꽃도 나무도 흥미없어 하지만 이제 그만 가서 놀아라 하면 따라갈 수 없을 만큼 익살스럽게 시간을 보낼 수 있는 사람이 있다 어깨를 들썩거리며 헤죽 웃을 때는 얄개전의 주인공이 나타난 것 같은 착각이 든다 하지만 가끔씩 아주 가끔씩은 은백색 카라의 향기가 나는 사람이다 또 뚝 떨어져 다른 건물에 사는 사람은 있는 것이 돈과 시간이라고 종종 말하지만 사실은 타임머쉰을 앞질러 갈 정도로 바쁘다 캠퍼스에서 회색 머리칼의 해맑은 얼굴을 마주칠 때면 마음 속 거울을 닦기가 바빠진다 이렇게 우리는 아담과 하와의 동산에서 엄한 훈장으로서 신실한 성도로서 때로는 킬킬대는 꾸러기들처럼 산다 가족보다 더 오랜 시간을 함께 보내면서 꽃과 나무같이 자연의 멋과 맛으로 사는 산과 바다의 동료들

초보운전

운전면허시험에 세 번씩이나 떨어지고 난 뒤 네 번만에 합격을 하였습니다 언덕배기에 오르기 직전 번번이 현기증이 나면서 뒤로 스르르 미끄러져버리곤 했지요 출발할 때는 며느리의 실수를 후려잡은 시어미처럼 달리다가도 꼭 그 지점에 이르면 어설픈 절도범 같이 심장이 콩닥거려 균형을 유지할 수가 없었습니다 길지 않은 인생에서 이렇게 시험에 많이 떨어져 보기는 처음인데요 면허증을 교부받고 주행연수를 받던 첫날이었습니다 궁지에 몰린 쥐같이 발발 떨며 핸들에 자석처럼 딱 달라 붙은 몰골이 거반 인간 새우였습니다 옆과 뒤를 볼 겨를은 엄두도 내지 못하지만 앞을 보는 눈만큼은 어찌나 강력한지 일제시대 독립군을 잡아내던 앞잡이의 눈길이 부럽지 않았지요 혹은 어디 먹을거리라도 생기면 달겨들 굶주린 살쾡이의 응시력인 듯했습니다 그때 갑자기 빨간 티코가 깜박이도 켜지 않고 끼어드는 바람에 순식간에 급브레이크를 밟고는 "저 개xx! 죽을라꼬 시었나. 칵 쥐기뿔라!" 나도 모르게 육두문자가 섞인 사투리가 튀어나오면서 몸짓도 욕짓이었습니다 그때 옆 좌석에 앉았던 연수 선생의 얼굴이 나보다 더 벌겋게 달아올랐습니다 내 얼굴 한 번 쳐다 보고 앞을 쳐다보곤 하다가 그만 석고상이 되어 버렸지요 생각해 보면 선생은 아마도 숫총각이었던 것 같았고 나는 지하철에서 거의 틈새를 보이지 않는 사람 사이로 엉덩이부터 들이미는 뻰순이 아줌마 같았습니다 삶과 죽음의 경계 지점에서 본능이 앞질러 껍질 벗겨진 야성이 드러난, 사냥개도 무서워할 초보 욕쟁이 순간이 딱 한 번 있었습니다

어미개

올무에 걸렸다가 가까스로 목숨을 건진 어미개는 사람들이 제일 무서워 이리저리 피해 다녔습니다 하현달 같은 배를 끌고 절뚝절뚝 먹이를 찾으러 다녔습니다 그럴 때마다 철사줄이 속살을 파고 들어 벌겋게 독이 올라 진물이 배어 나왔습니다 눈물을 질끔거리며 어미개는 흐르는 고름만큼이나 힘겹게도 막 세상을 보게 될 새끼들을 지켜 줄 보금자리를 찾으러 다녔습니다 폐가 옆에 악취가 진동하는 쓰레기 더미 틈새 어미개는 사람들이 안겨 준 고통을 등에 지고 눈을 뜨지 못하는 사랑스런 새끼들과 겨우 단잠에 들었습니다 사람들이 먹고 쓰다가 버린 쓰레기가 바로 그들의 안식처라니요 오랫동안 잠이 든 개들을 바라보며 마음의 상처에서 피고름이 나오고 어느 새 사람이 가장 무서워졌습니다

메가폰을 든 그 남자

수험생들의 미래가 원서접수장에 걸리던 날 낡은 외투를 걸친 한 남자 메가폰을 메고 입시전쟁터를 돌아 다니며 외칩니다 "여러분, 인생에서 길이 여러 갈래 있듯이, 입시에도 여러 가지 전형이 있습니다!" 높은 음표를 그으며 흩어지는 소리는 데드마스크같은 얼굴들에 부딪히면서 숨막히는 공간을 날카롭게 공회전합니다 인생길이 여 • 러 • 개이듯이 입시전형도 여 • 러 • 개...... 입시의 화살촉에 매달린 시간이 긴장된 표정을 기웃거리며 우울한 오후가 흘러갑니다 그 사이 소외된 바람은 더욱 빠른 속도로 몰아치며 창문 틈새를 파고 들어와 일그러진 젊은 영웅들의 사금파리 간장을 써늘하게 키질합니다 멀리 이국땅에 가족을 두고서 대신 강아지를 키운 그 남자 애완단짝의 객사비보를 듣고 강의를 계속 할 수 없었던 그 남자 빈 집에서 종일토록 기다리다 시큰둥해진 꽃과 연인인 듯 대화를 나누던 그 남자 남의 길을 안내해주려고 오후 내내 목이 쉬어라 외쳐대던 그 남자 "행복하세요. 미국으로 여행오세요!" 전화선을 타고 번지는 물기어린 목소리가 허공에서 난무하는 잔먼지들을 모조리 빨아들입니다 그가 들었던 낡은 메가폰은 먼 길 돌아 제 갈 길을 찾아준 미국행 이정표였을까 함께 지냈던 사람들의 메가폰에서는 그가 즐기던 몇 마디 보석같은 유머와 곧잘 인용하던 몇 행의 이슬 시구와 맺힌데 없이 흩어지던 웃음 한 조각이 끊임없이 삑삑거립니다 다시 한국행길을 안내해 주려는걸까

낭랑 18세

지난 초겨울에 자동차 접촉 사고가 났습니다 12인승 봉고가 뒤에서 렉스톤을 들이 받았는데요 브레이크 파열이 원인이었지요 잠시 정신을 잃었다가 내려 보니 내 차는 약간 금만 갔고 받은 차는 앞이 폭삭 으스러졌더군요 자동차에서 기어나오자 구경꾼들이 신기하다는 듯 사람 걱정대신 차가 좋다는 말들만 하며 웅성거렸습니다 처음엔 멀쩡했는데요 갈수록 얼굴이 하얘지다가 마모된 조각상이 되었지요 병원에서 입원을 하라고 했으나 그냥 통원 치료를 받았습니다 2주 정도가 지나자 '뭐 별거 아니네' 하며 몸을 무시했지요 그런데 웬걸요 한 달쯤 되었는데 쿡쿡 바늘이 혈류를 타고 도는데요 신경증 환자가 따로 없었습니다 결국 H대학병원에서 정밀 검사를 받고는 새가슴 속으로 고개를 떨구고 기다렸습니다 결과를 보러 간 날 K교수가 사진을 들여다보고 씨익

웃으면서 "어휴, 난 20대 몸인데, 선생님은 19세이시네요!" 농담을 듣자마자 철없이 우쭐해져서 "네? 그럼 앞으로 낭랑 18세로 살겠습니다!"라고 대답하고 돌아오는 순간 바로 삶의 테이프를 30년씩이나 되감았습니다 속골병 드는 줄 잊은 채 살가운 빈말 한 마디에 팔랑 나비로 날아 올라 낭랑거렸습니다

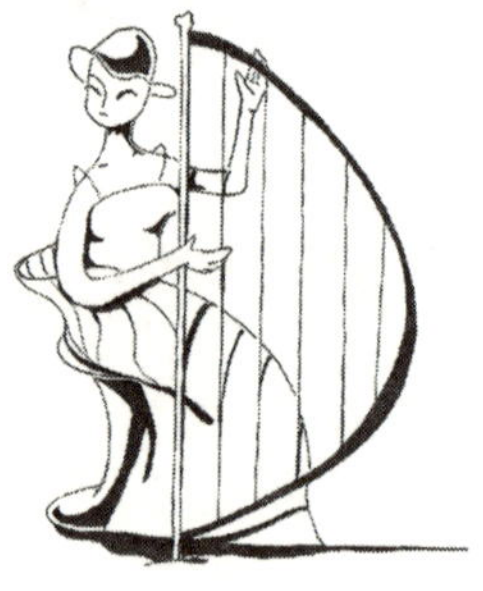

가을 소망

가을비 내린 후
나뭇잎의 숨소리로 현을 켜는
둘도 없이 청정한 날
살아 있음이 기도로 이어지고
축복이 은비늘처럼 눈부시다

고향집 앞마당에
붉은 고추가 따뜻하게 여물고
누렇게 고개 숙인 벼들이
높고 낮은 음표가 되어 노래할 때

달빛 받은 억새의 몸짓으로
세상의 문을 열고 닫게 하시고
가을 햇살에
소리없이 익어가는
열매의 하늘을 바라보게 하소서

오늘도, 내일도
고추잠자리 날개의 여운처럼
편안하고 가벼운 걸음으로
주어진 길을 가게 하소서

4부

위험한 시대

마이너스 인생에서 플러스로

365일 비상근무하는 현금자동출납기에서
샐러리맨이 통장 정리를 한다
구멍으로 들어가자마자
순간을 지탱해온 나날이
거침없이 신음을 뱉는다
일렬로 도열하는 숫자들!
마,이,너,스의 연속이다

수없는 숫자가 검은 미로를 통과하며
하루를 살고 이틀을 담보하며
눈에 띄지 않게
뒤틀려 가는 생을 이어간다
마이너스에 한 획만 쓰윽 그으면
플러스가 되는 손쉬운 세상

기계에 붙들려 닳아가는 하루가
전복될 긴 풍요의 나날은 언제일까
생활 전선에서 플러스 되어가는 시간은

자동차의 배기가스처럼 줄행랑을 치고
낡은 단추라도 새로 채우고 싶은
헛욕심이 플러스로 빗금을 친다

신용카드의 함정에 빠져드는 유혹으로
감정의 바퀴를 잘못 굴리면 남은 희망의
잔뿌리마저 굴러가 버릴지도 모르는
오늘, 허물어진 콘크리트 내벽을 뚫고
이리저리 뻗어져 나온 철근들이
유난히도 너덜한 심장을 겨냥한다

지금부터 다시 그려야겠다
마이너스 인생의 유전자 지도를
습기찬 슬픔의 가슴들을 반짝
말려줄 플, 플, 플러스의 인생으로

바람, 바람, 바람

언제나 움직여야만 직성이 풀리는 바람이
몇 시간 째 꼼짝도 하지 않는다
힘없는 불안이 등줄기를 타고 내려 후들거린다
차라리 갈 길을 가 주었으면 하는 바람이다

잠시 며느리밥풀꽃에 기대어 수작을 걸다가
천년 느티나무 아래에서는 뒷짐지고 거드름 피우다가
너럭 바위 앞에서는 비겁하게 몸을 바싹 구부려
곁눈질하다가 쏜살같이 줄행랑을 친다

어떤 때는 산비탈 양철지붕을 가차없이 내려치기도 하고
처녀애들 치맛자락을 살랑 말아 올리기도 하며
물구나무 서게도 한다 중년 신사의 처절한 두서넛 올을

뼈도 없고 살도 없는, 아주 유연한 바람의 중심에는
처세술이 가장 뛰어난 영혼이 깃들어 있는 것 같다
언제나 불어야 제 위력을 발휘하는 바람이
바람의 결을 잘 타는 사람처럼 다시 바람몰이를 한다

자화상

화장을 다 지우고 난 뒤
거울을 들여다 보면
선고 받은 중증환자의 마지막 모습 같다
살뜨물 같은 피부톤과
잡힌 지 오래된 생선의 눈알인지
금방 해산한 여인의 머리칼인지
질——서가 없다

누군가 재촉하듯 초인종을 누른다면
불현듯 옛사랑이 만나자고 한다면
어쩌다 딱 눈이라도 감아버린다면
이런저런 망상의 실타래에 엉켜서
나를 감상하는 시간
질——서가 필요 없다

넘지 못할 세상벽에 매달려
욕망이 쌓고 있는 탑을 보다가
아직도 겉치레에 중독된
부끄러운 심장 위에 대못을 콱 박는다
몰래 희열하는 나만의 질——서

속이고 속고, 밟고 밟히는 가운데
위험 수위의 철책선에서 줄곧 보초를 선다
혹시나 내 안의 공범자를
찾아낼 수 있을 거라는 희망 속에서
나에게 쉬지 않고 타전을 보낸다

나오라! 오바. 나오라!
질———서가 있는 세상과
내 안의 욕심없는 질서여

세상이야기

거울 밖에서는
하루에도 수십 번씩
거울을 들여다보는데
거울 속에서는
거울을 볼 필요가
전혀 없습니다

거울 밖의 사람은
감쪽같이
변신을 곧잘 하지만
거울 속의 사람은
누군가 슬쩍 엿보더라도
항상 그 사람입니다

거울 밖과 속은
지척인데
아무리 애써도
평행선만 그을 뿐
하나일 수 없다는 게
세상이야기랍니다

욕심이 모욕적이다

새벽에 눈을 뜨자마자 뒤뚱거리며 정수기로 가서
찬물을 벌컥벌컥 들이켰다 꿈인지 생시인지 엉거주춤
잠자리로 가서 잠을 잤다 자명종 소리가 잠을
더 자고픈 몸의 욕심을 깐죽거린다

갈증이 욕심처럼 좀체 가라앉지 않는다

빵과 우유와 오이, 토마토, 당근을 먹고 나서
또 사과와 오렌지와 키위를 먹었다
아직 요구르트와 커피가 순서를 기다리고
각종 비타민제도 욕심의 대열에 끼어 있다

읽은 것을 또 읽고, 미워한 사람을 미워하며
생각한 것을 생각하고, 또 다른 생각을 하며
되풀이하면서도 자꾸 욕심만큼 덧입힌다

살아있다는 것이 바로 욕심덩어리인가
살아가야 한다는 것이 욕심을 채우는 것인가

채우고, 또 채우고 계속 꾸역꾸역 집어 넣다가
마지막 두껑을 덮을 때 욕심내어 관을 꾸욱 누르면
마구 뒤범벅이 되어 알 수 없는 인생으로 끝나리라
이 견딜 수 없고 참을 수 없는, 모욕적으로
꺽이지 않는 욕심이 배부른 혹은 배고픈 삶을
욕심껏 갉아 먹고 있다

살아갈수록 욕심의 더께는 미지수로 남는다

산다는 건 욕심채우기와 욕심비우기의 방정식이다
'채' 자와 '비' 자가 만드는 시이소 게임이 계속될 듯한
불안한 예감이 욕심이 커 갈수록 더욱 불거진다

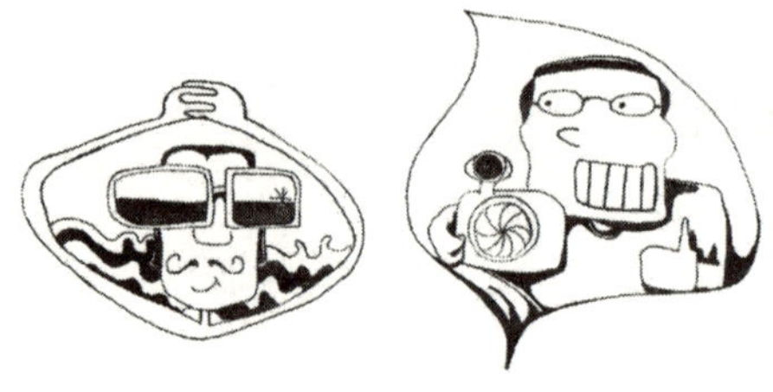

위험한 시대

해상도가 불투명하다

코드를 맞추기 위해
계속 버전을 조절하거나
주파수의 초점이 너무 탄력적이다

압축 파일로만 전송하므로
풀 수 있는 프로그램이 필요하지만
수신을 완강히 거부하기도 하는
시대, 부패보다 더 무섭다

언제라도 마음껏
해킹할 수 있는 소프트웨어를
남몰래 개발 중이면서

누구든지 교감할 수 있도록
숨가쁘게 업그레이드해야 하는
시대, 벼랑 끝의 전사들이
부메랑식 전략으로 살아가는

이름 달기 좋아하는 사람들

순자네 아버지, 아무개 오촌 오빠
굿타임 맥주집 딸기코 아저씨,
호박 나이트클럽 김사장, J향우회 이사,
K대 동문회 총무, 영원한 H군대 동기,
참여연대 간사, 팬클럽 회장, X사모.……

배알도 없이 이름 달기를 즐기는 사람들
훈장처럼, 벼슬처럼 이름을 끌고 다닌다
며칠만에 김이 모락나는 한 무더기 두엄보다
더 냄새나도록 이름에 목숨 걸고 덤벼들다가
이름 투망에 걸려서 삶을 도마질한다

영원히 간직할 것 같은 이름
아무도 저승길에는 가져갈 수 없는 이름
죽은 뒤에는 누구도 거들떠 보지 않을 이름
이름은 다만 이름일뿐

빌어먹을 이름들은 빌어먹을 말보다
더 못한 짓거리로 거드름피우고 오로지
이름을 위해 사람을 팔고 사는, 어둠의
방죽에 이름만큼 틈이 생기기 시작한다

양심보다 이름이 앞질러 가는 세상
묘비명에서도 이름이 주인 노릇하는 세상
허울 좋은 이름이 득실대는
참 가벼운 세상의, 이름 세상 천국

수천 수만의 이름들이
헛이름에 굽실거리는 나를 쏘아보며
이름의 수보다 몇 갑절로 돌팔매질을 한다
유명무실, 무실, 실, 실하며
모래처럼 빻아지는 사람들
얼얼하게 기분 펄럭이는 삶의 음지에서

숫자 놀음

대한민국 어디서든 숫자만 치면
확인할 수 있다

13개로 늘어선 숫자가
이름 석자보다 더 힘이 세다
수가 지배하는 세상에서
숫자 놀음에 휘둘리는 나날

생을 마감한 후에도 동사무소에서는
숫자로부터 자유롭지 못하다
단 하나라도 틀리면
깨끗하게 죽어지지 않는다

죽음으로 사라진 먼 훗날에도
죽은 자를 따라 다니는
끈질긴 수의 그림자

어설프기 그지없는 우리의 현주소는
숫자를 확인할 때 분명해진다

과수댁 친구

과수댁 친구가 가끔씩 농을 한다
“지발, 중매 좀 혀–”
친구의 외롭고 허기진 날들을
안타라도 한 번 날려 보려고
천지사방을 둘러보았는데
쓸만한 사내라고는 보이지 않는다

내가 인간보다 못한 짐승인가
모두 탈을 뒤집어 쓴 도적떼인가
너무 멀리 와 버린 것 같다
너무 알아 버린 것 같다

겉보기에 멀쑥하고
그럴싸한 애프터쉐이브향을 흘리며
머리에는 적당하게 먹물도 들어 있어
자칫 끌려갈 듯한 현대판 카사노바들
혹은 속이 꽉 차서 들어갈 자리가
없을 듯한 속칭 인테리 남자 혹은
우람한 가슴으로 갈비뼈에 금이 갈만큼

으스러지게 안아줄 산도적 같은 남자
그러나 이런 저런 멋을 조금이라도 지닌
남자는 애석하게도 아내를 부실한 몸보다
더 끔찍하게 사랑한다는 빈말을
시험 준비처럼 복습하는 유부남들

친구에게 괜찮은 남자 하나 소개 못하는
속물 근성적 무능력이 한심스럽다
이리 재어보고 저리 따져보며
결국 친구는 아깝게도
과수댁으로 일생을 보낼 것 같았는데

그때 과수댁 친구가 걸쭉하게 내뱉는다
"아이고, 조건 필요 없당께.
아따 거시기하네요잉하며
한 방에 홈런으로 날려 버릴
놈, 딱 한 놈이면 된다니께!
뭐땀시 그리 따져싼능가?
오메! 나 중매 안해도 될 것이네요—.

향기가 향기로울 때

삶의 끝자락에 선 노인들이
손때 묻은 찬송가책을 들고
아이처럼 하늘 노래를 부른다
깊게 주름진 목소리에서
사람다운 향기가 난다
비유의 그물로 엮은 한 편의 시처럼
스무해 남짓의 생을 압축한
이력서를 들고 일자리를 찾는
젊은이의 싱싱한 발걸음에서
사람다운 향기가 난다
동해 바닷가 덕장에서
방금 잡은 오징어를 손질하는
아저씨의 소금기 묻은 팔뚝에서도
사람다운 향기가 난다
꽃샘 추위가 몰아치는 천사원에서
중증 지체아이를 씻기는
비누 거품 젖은 손에서도

사람다운 향기가 난다
살아온 더께만큼 어두운 나이테를 키워온
사람들이 조금, 조금씩 어둠을 몰아내는
향기로운 시간이 흘러간다
사람의 꽃마음이 지천에서 향기롭다

한 번쯤 완행열차를?

모두들 급행으로, 초고속으로
달려가고, 짓밟으며, 날뛴다
가속도에 예민하게 저당잡힌 나날

잠시 브레이크를 밟으시고, 옆도 뒤도 돌아보시기를
당신의 양심이 급류에 실려 표류하고 있습니다, 제발!

다행히 야생의 숲속 썩은 나뭇가지에라도
걸려 있을 수 있다면 혹시 구할 수 있는 기회가 있는데
그렇지 않으면 흔적도 없이 당신의 원시 심장은
초특급으로 실종되어 버리지요 아직은 가까스로 유예 중인
당신의 활극 같은 삶으로부터
한 번쯤 완행열차를 타 보시지 않겠어요?

속도를 잴 필요가 없는 세상으로
서서히, 아주 부드럽게 미끄러져 들어가니까

응급실에서

잠시라도 응급실에 있어본 사람이라면
안다, 엉겁결에 의사도 환자도 되는 것을

여기저기 날이 설대로 선 소리끼리
서로 부딪히다가 이내 부러지고
외마디 파편들이 환자와 보호자의
흔들리는 몸에 박혀 바둥거린다

그래도 멀쩡하게 살아 있는 나는
뚝뚝 떨어지는 핏방울을 보고
피울음을 우는 것이 아니라
어이없게 사치스런 철학자가 된다

흔한 눈물 한 모금 흘리지 않고
무표정의 숙련된 손길을 닮아 가는
예고 없는 죽음과 천정을 뚫을 듯한
절규에도 얼음 가슴이 되는 나

고통의 일초, 일분을 신앙처럼 붙들다가
뛰어든 응급실, 비수처럼 꽂히는 자가진단
바로 내가 따뜻한 피가
모두 말라버린 응급환자라니!

마침내 녹슨 혈관들을 잘라내고
검붉은 녹때를 싸악 긁어 낸다
한 땀씩 정성스레 바늘로 깁고 꿰매는
보기에도 살가운 완전 무공해 수술 시간

누구도 감히 시시비비를 가리지 않는 한 때

잎그늘 아래

잎그늘이 무성한 나무들은
무엇이든지 품어서 끌어 안는다

겨울과 봄을 지나며 짙고 옅은
소망을 가지마다 담아서
누구나 다가가는 그늘을 만들어 준다

수다스런 입술들이 종일 놀다가고
불안한 밤을 보낸 눈꺼플도 잠시 쉬어 가며
까닭을 모르는 벌레들도 붙들어 둔다, 한결같이
구슬치기, 공기놀이 하는 동심의 발걸음들도

바람 한 번 불면
푸른 몸을 부지런히 흔들어
아무도 흉내낼 수 없는 쉼을 주는 나무들

산다는 것은
둥근 나무들처럼 씨앗을 틔우고 싹을 내어
가지마다 시원한 잎들을 파랗게 엮어서
둘도 없는 그늘이 되어 주는 것이 아닐까

오늘을 위한 기도

우리가 우리답게 살 수 있는
길을 꿈꾸어 봅니다

눈동자 한 번 뜰 때마다
나무 한 그루 자라나게 하시고
폐광 같은 우리들 마음 속에
천 개의 눈을 가진 초록빛을 비추소서
갈 곳 없어 헤매는 어린 새들이
도란도란 쉴 수 있는
녹색 정원도 만들어 주소서

철없는 우리들이
욕심으로 울타리를 엮으며
가쁜 숨을 몰아쉴 때
아무런 이유없이
슬픔의 옷을 덧입게 되는
무리들을 돌아보게 하시고

혹한을 의연하게 견디는
나목들의 장엄한 의지를 따라
한 끼에 목숨을 거는 이웃들에게
더운 피가 돌게 하시고
아무리 주어도 지나치지 않는
사랑이 넘쳐나게 하소서

남은 온기들 모두 모아
햇살 입김으로 습그늘을 말려 줍니다
설령 어떤 어려움이
저들의 앞길을 가로막더라도
그저 스쳐가는 바람처럼 생각하게 하소서

5부

남녀에 대한 따뜻한 기억

또 하나의 소리

그동안 한 번도 교체하지 않은 두꺼비집 휴즈를 은하계의 가장 아름다운 별에서 만든 신품으로 갈아 끼운다 220볼트의 촉수 아래 어설픈 감정의 더듬이로 살다가 오르가즘을 잊은 자궁의 알전구를 무한볼트로 밝힌다 은밀하게 묻어 두었던 지뢰선이 꿈틀거리기 시작한다 탁-타닥 잉걸불의 불꽃인 듯 소신공양의 꽃불인 듯 그저- 밀려온 한 생애의 패달을 밟고 가스를 넣는다 이제부터 자동변속이다 기아를 바꿀 일이 전혀 없는 붕-부웅– 경적 소리가 몸의 나라를 달린다 정전 사태 발생! 하늘 저편에 불길 번지는 소리 접혔던 생이 수평으로 펼쳐지며 비명을 지른다 시계바늘이 멈추는 소리

만남

순하디 순한 내가
별을 좋아하여
하늘만큼 그리다가

순하디 순한 나는
탁발승처럼 오가는 물결 속에
캄캄한 마음을 쏟아 붓는다

밤바다에서 물만난 별들이
반짝반짝 자맥질한다

사랑의 속도

아침 바다의 첫 호흡이여

만년설 눈녹이물의 걸음으로
스무살 신부의 얼굴에 스치는
엷은 미소로 다가온다

어두운 뿌리를 탐진 열매로 만드는
놀랍고도 두려운 힘이여
얼음산을 용암으로 흘러 넘치게 하는
손길의 오랜 비밀이여

비상등을 깜박이며 달려온다
아다지오도, 모데라토도 아닌
크레센도의 숨소리로
디크레센도의 음으로

지구별을 일곱 바퀴 반이나
돌 수 있는 혈류를 모두
뒤집어 버리거나 혹은
한 번에 멈추게도 하는 마력

그것은
처음부터 끝까지
속도계가 필요없는 무한대의 질주

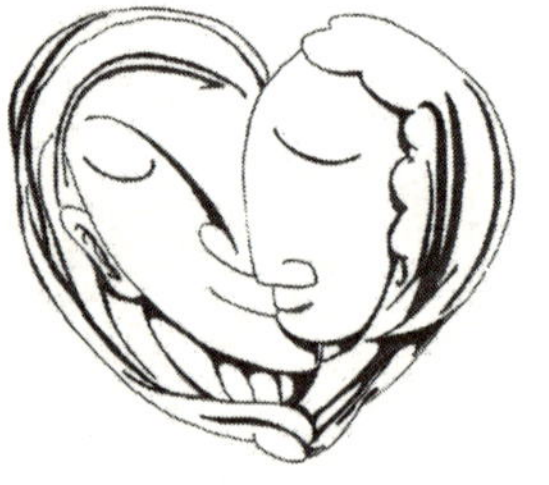

남녀에 대한 따뜻한 기억

하늘에서
달빛 두레박줄 타고 내려온다

나눌수록 끝없이
눈-처럼 밝아지는
더없는 축복

신께서 주신
영혼의 값진 자랑

땅에서 가꾸어서
천상의 별무리로 빛난다

아찔하네, 중늙은이

활보하는 허벅지의
정맥이 풋풋하게 불끈거리네

연둣빛 바람이
처녀애들의 젖망울에
봉긋봉긋 몰아치네

밀물처럼 밀려오네
고사목 옆에서 잠시 졸던
중늙은이의 갈빗대에
단내나는 현기증이

봄기운이 나무등걸을 휘감을 때마다
흥건하게 슬픔에 젖는 아랫도리

욕망이 분수처럼 튀어오르는 날
풍문은 동네 어귀를 돌고 돌아
벌써 목청을 시뻘겋게 돋우네

사랑한다는 것은

이 땅에서, 사랑한다는 것은
외로움을 병처럼 달고 다니는 사람끼리
홀린듯이 고성능 카메라의 셔터를 누르는 것
지리한 장마 끝에 쨍-한 햇볕이
음습한 곳까지 남김없이 비치는 날
잠시 찰랑거리는 물낯바닥 같은 것

이 땅에서, 서로 사랑한다는 것은
헛마음을 녹이고 끓이고
푹푹- 고아서
천년이 지나도 깊은 울림을 주는
진품의 제작 과정 같은 것

이 시대, 이 땅에서
진실로 서로 사랑한다는 것은
하나뿐인 목숨을 담보하고
고대 박물관의 유물보다
더 보배로운 무언가를 찾아내는 것

그건, 사막의 신기루보다 더없이 반짝!
기적처럼 다가오는 착시 현상

내 안에 너 있을 때
– 일방통행

새의 날렵한 발바닥이
한없이 부러운 날

하늘 끝 닿는 곳까지
뭉게뭉게 날아 오른다

참회하지 않아도
죄가 되지 않는 시간

피묻은 청보라빛 날개가
떨고 있다 다가올 눈물처럼

내 안에 너 있을 때

– 교차로

수심을 알 수 없는 바다처럼
너비를 잴 수 없는 하늘처럼

파랗게 한 곳으로만
하얀 마음을 담아 흘러서

아무런 할 말이 없어도
마냥 마르지 않을
따뜻한 향기의 사람이 된다

어느 네티즌의 고백

『너에게로 가는 길』이
이번 학기 사이버 수강과목이다
교재는『너의 모든 것』
네가 웃을 때 페이지가 평화처럼 넘어가고
네가 울 때면 우두커니 망설인다
어떤 땐 빈 페이지만
몇 장씩 연거푸 나올 때도 있다
탱그렇게 부푼 공백을 닫으려고 하면
그때마다 붉게 꽃피운 실핏줄이
모조리 다운된다
처음부터 끝까지 나는
너를 개발하려는
홈페이지 관리자이자 수강생
오늘도 내일도
너에게로 프로그래밍 되어 가는 나
네 심장에 코드를 꽂고 열손가락 모두로
나를 부드럽게 작동해 줘. 제발!

꽃

해마다 꽃이 피고 지는 것은
그대 몸과 마음이 모두
지구별의 뿌리에 닿아 있기 때문이지요

그대가 있음으로 보여지는 진경은
무엇으로도 대신할 수 없는
가장 욕심없는 그림입니다

눈 감아도 눈부신 아름다움 뒤에는
하늘과 땅 사이에서 그대
깊고 넓은 꽃사랑을 하기 때문이지요

꿈이 있는 캠퍼스

먼 길 떠났던 나그네 바람
꿈이 초록으로 흐르는 캠퍼스에서
봄편지를 쓰기 시작하네

준령 눈녹이물 흐를 때
뿌리의 눈먼 설레임인 듯
새잎으로 피어날 나무들은
뭉게구름처럼 부풀어 있네

깊고도 맑은 기도의 메아리가
겨울강 두터운 얼음을 깨트리면
강물에 하얗게 씻겨진
세상이 반짝 눈을 뜨고

겨울 산자락 나무들
소박한 손과 손 쭉쭉 뻗어서
산수유 숨소리를 맨 먼저 듣는
그분을 찬양하네

한 줄 푸른 말씀의 빛으로
삼월 하늘의 문을 열면
희망찬 풋보리의 꿈이
잠자던 날개를 힘차게 끌어 올리네

죽어서 다시 핀 꽃

이 세상 어디에
죽어서 다시 핀 꽃 있을까

수억만년 인간의 비밀이
꽃의 내력에서 풀린다
완성도, 미완성도
한 치 혀속에서만 살아 있을 뿐

삶과 죽음의 경계가
찰나에 녹아버리는 자리에

다시는 시들지 않을
꽃의 희망이
마침내 이루어진다

이른 아침 숲속에서
뭇천사들이 바람결에 속삭이는 소리

피어나라 그리고 사랑하라
남은 날이 사랑하고만 살기에도 부족하니

작품해설

지상의 어둠, 천상의 은총

김재홍 (경희대 교수・문학평론가)

지상의 어둠, 천상의 은총

김 재 홍 (경희대 교수 • 문학평론가)

문현미 시인이 첫 시집 『기다림은 얼굴이 없다』(시와 시학사, 1999)와 두 번째 시집 『칼 또는 꽃』(문학수첩, 2002)을 펴낸데 이어 이번에 제3시집 『수직으로 내리는 비는 둥글다』를 펴낸다.

일찍이 한국 현대문학연구와 창작에 뜻을 두었으면서도 독일문학과 비교문학에도 관심을 기울인 문시인은 그동안 독일 본대학에서 수학하고 교편을 잡은 바도 있는 유수한 비교문학자격 시인이기도 한 분이다. 특히 그는 연전에 사계의 권위인인 구기성 교수와 더불어 『라이너 마리아 릴케 문학선집』을 전 4권으로 번역하여 국내 독자들에게 선보인 바 있는 명망 있는 번역문학자이기도 하다.

이번에 문시인이 세 번째 시집을 펴냄에 있어 간략하게나마 그의 시세계를 살펴봄으로써 격려의 뜻을 전하고자 한다.

1. 불연속적 삶과 문명비판의 의미

거울 밖에서는
하루에도 수십 번씩
거울을 들여다보는데
거울 속에서는
거울을 볼 필요가
전혀 없습니다

거울 밖의 사람은
감쪽같이
변신을 곧잘 하지만
거울 속의 사람은
누군가 슬쩍 엿보더라도
항상 그 사람입니다

거울 밖과 속은
지척인데
아무리 애써도
평행선만 그을 뿐
하나일 수 없다는 게
세상이야기랍니다

— 「세상이야기」 전문

문현미의 시에서 안과 밖, 세상과 자아는 대부분 단절되거나 거리가 느껴지는 모습, 즉 불연속적인 인식으로 드러난다. 「거울 밖과 속은/ 지척인데/ 아무리 애써도/ 평행선만 그을 뿐/ 하나일 수 없다는 게/ 세상이야기랍니다」라는 이 시의 결구가 그러한 예증이 된다. 자아와 세계는 자아가 아무리 애써도 어찌할 수 없는 평행선, 즉 단절과 거리가 느껴질 수밖에 없는 위치에 놓인다. 그만큼 오늘의 삶 속에서 현대인들은 단절과 소외, 불안과 방황을 겪으며 살아갈 수밖에 없다는 뜻이 되겠다. 불연속적 세계인식이란 무엇이던가? 한마디로 그것은 나와 너, 안과 밖, 여기와 저기로 나누어질 수밖에 없는 단절과 소외의식으로부터 오는 세계와의 불화를 의미한다. 그만큼 현대의 삶, 오늘의 삶이란 각종 기계문명의 발달과 산업자본의 팽배 및 거대한 사회조직화로 말미암아 개인은 점점 단절과 소외감을 느끼기 마련이며 아울러 불안과 방황을 겪으면서 살아갈 수밖에 없을 것이 자명한 이치이다.

이점에서 시집에는 오늘 이 시대를 살아가는 어려움과 고달픔이 제시된다.

해상도가 불투명하다

코드를 맞추기 위해
계속 버전을 조절하거나
주파수의 초점이 너무 탄력적이다

압축 파일로만 전송하므로
풀 수 있는 프로그램이 필요하지만
수신을 완강히 거부하기도 하는
시대, 부패보다 더 무섭다

언제라도 마음껏
해킹할 수 있는 소프트웨어를
남몰래 개발 중이면서

누구든지 교감할 수 있도록
숨가쁘게 업그레이드해야 하는
시대, 벼랑 끝의 전사들이
부메랑식 전략으로 살아가는

— 「위험한 시대」 전문

이 시에 드러나는 것은 「해상도가 불투명하다」라는 구절에서 볼 수 있는 불확정성에 대한 인식이며,

「언제라도 마음껏/ 해킹할 수 있는 소프트웨어를/ 남몰래 개발 중」이라는 무한경쟁에 대한 두려움이다. 말하자면 오늘 이 시대의 삶이란 아무것도 확실하게 보장된 것이 없으며, 누구나가 다 경쟁자이고 위험한 침입자 일 수 있다는 위기의식이 자리 잡고 있는 것이다.

실상 지성인이란 어느 시대에도 그 시대를 위험한 시대, 위기의 시대로 파악한다고 하지 않던가? 「숨가쁘게 업그레이드해야 하는/ 시대, 벼랑 끝의 전사들이/ 부메랑식 전략으로 살아가는」이라는 구절 속에는 이처럼 「벼랑 끝의 전사/ 부메랑식 전략」으로 살아갈 수밖에 없는 오늘 이 시대의 불안한 실존이 날카롭게 제시돼 있다고 하겠다.

이러한 불연속적 세계인식 또는 불안한 실존에 대한 위기의식은 시집 도처에서 발견된다.

> 13개로 늘어선 숫자가/ 이름 석자보다 더 힘이 세다/ 수가 지배하는 세상에서/ 숫자 놀음에 휘둘리는 나날/ 생을 마감한 후에도 동사무소에서는/ 숫자로부터 자유롭지 못하다/ 단 하나라도 틀리면/ 깨끗하게 죽어지지 않는다/ 죽음으로 사라진 먼 훗날에도/ 죽은 자를 따라다니는/ 끈질긴 수의 그림자
>
> —「숫자 놀음」 부분

이 시에는 기계화된 시대에 숫자화 되어 기계적으로 살아가는 현대인의 모습에 대한 예리한 풍자가 제시돼 있어 관심을 환기한다. 모든 것이 숫자로 계량되고 판정되며 실행되는 세상, 숫자를 벗어나서는 꼼짝달싹할 수 없는 현대의 기계적인 삶에 대한 비판과 반성이 제시돼 있는 것이다.

이러한 반성은 오늘의 삶을 둘러싼 온갖 모순과 부조리, 나아가서 일상성과 그로인한 권태 및 절망감과 고통으로 연결되기도 한다.

가끔씩은 가기 싫을 때가 있다 상습적으로 고객을 맞는 무료한 표정이 그렇다 쫓기는 삶을 담보로 굴러가는 일상의 굴레가 주기적 통증으로 욱씬거린다 겨울의 맵싸한 햇살이 기름이 모자라지 않게 붙어 있는 갈비뼈 사이로 무임승차한다 공짜가 희귀종인 이 지상에서 절로 굴러 들어오는 보너스! 유일하게 플러스만 되는 자연산 통장도 있다 하루를, 아니 한달을, 일년을, 남은 날의 발목을 붙드는 신용카드를 집어넣는다 명세표를 받으시겠습니까? 아니, 아니오! 향상될 희망이 전혀 보이지 않는 마이너스 통장에서 마이너스 인생을 플러스처럼 튕겨 줄 금액이 쏟아져 나온다 씁쓸한 오른손의 감각으로 허공에서 쓸데없이 남아 뒹구는 먼지들을 잡는다 비틀거릴 일이 하나도 없는 하늘은 지상에 올무 걸린 우리들에게 좀처럼 내려 오지 않는다 마이너스 신용의 연속으로 흔들리는 양심의 언저리에서 치명적인 외침 소리가 들린다 저런! 내장이 본래 마이너스 통장인가?

—「마이너스 통장에 올무 걸리다」 전문

이 시가 말하고자 하는 것은 오늘의 기계화된 삶이며, 매너리즘과 타성에 길들여진 모습에 대한 풍자이고 비판이다. 하루하루 마이너스통장에 올무 걸려 살아가는 현대인의 불안한 실존, 덧없는 모습에 대한 날카로운 비판이며 반성인 것이다.

이처럼 문현미의 새 시집에는 불연속의 시대, 불모의 상황을 살아가는 현대인과 오늘의 삶의 모습에 대한 풍자와 함께 그에 대한 반성을 제기하는 내용이 관류하고 있어 관심을 환기한다.

2. 생명지향성과 사랑의 철학

문현미 새 시집에 드러나는 또 하나의 특징은 생명에 대한 애달픈 연민과 사랑의 철학이 관류하고 있다는 점이다.

올무에 걸렸다가 가까스로 목숨을 건진 어미개는

사람들이 제일 무서워 이리저리 피해 다녔습니다 하현달 같은 배를 끌고 절뚝절뚝 먹이를 찾으러 다녔습니다 그럴 때마다 철사줄이 속살을 파고 들어 벌겋게 독이 올라 진물이 배어 나왔습니다 눈물을 질끔거리며 어미개는 흐르는 고름만큼이나 힘겹게도 막 세상을 보게 될 새끼들을 지켜 줄 보금자리를 찾으러 다녔습니다 폐가옆 악취가 진동하는 쓰레기 더미 틈새 어미개는 사람들이 안겨 준 고통을 등에 지고 눈을 뜨지 못하는 사랑스런 새끼들과 겨우 단잠에 들었습니다 사람들이 먹고 쓰다가 버린 쓰레기가 바로 그들의 안식처라니요 오랫동안 잠이 든 개들을 바라보며 내 마음의 상처에서 피고름이 나오고 어느 새 나도 사람이 가장 무서워졌습니다

— 「어미개」 전문

세상에서 가장 존귀한 것은 과연 무엇이겠는가? 한마디로 그것을 생명이라고 말해볼 수 없겠는가! 생명이란 이 세상에서 단 하나뿐인 유일한 것이고 또 한 번밖에 살 수 없는 유한한 것이고 복사될 수 없는 원본이기에 소중한 것이 아닐 수 없다.

그렇지만 어찌 사람만이 소중한 것일 수 있으랴? 이 시에는 이러한 온갖 생명에 대한 연민과 긍휼의 마음이 안타깝게 표출돼 있어서 애잔함을 불러일으

킨다. 올무에 걸렸다가 가까스로 목숨을 건진 개가 새끼들을 분만하고 쓰레기통 옆에 보금자리를 틀고 들어앉은 모습을 통해 인간사회의 비정함과 냉혹함을 드러내면서 약한 생명들에 대한 안타까운 연민과 애정을 드러내고 있는 것이다.

사실 그렇지 않은가? 인간이 만물의 영장이라고 해서 지구 위에서 다른 생명들을 억압하고 살육하면서 살아가고 있는 것은 아니겠는가? 지상의 수많은 생명들, 각양각색의 생물들은 자기 나름의 모양새와 쓰임새, 그리고 존재의미를 지니고 살아가기 마련이다. 그런데 인간들은 그들보다 더 머리가 뛰어나고 힘이 있다고 해서 그들을 마구 짓밟고 먹이로 삼으면서 살아가는 것이 아니겠는가 말이다. 바로 이점에서 시인은 생명공동체에 대한 자각과 인식을 담고 있는 점이 아닌가 여겨진다. 그렇지만 더 중요한 것은 이것이 그러한 어미개에 관한 연민과 애정을 표출하는 것에서 한걸음 더 나아가 인간사회에서의 약육강식 현상과 그에 대한 안타까움과 연민을 강조하고 있는 것이 아닌가 하여 주목을 환기한다. 다시 말해서 이 시는 온갖 권력과 금력과 폭력이 현실계를 지배하는 인간 사회의 모습을 풍자하면서 생명성의 회복, 인간성의 회복을 강조하고 있다는 뜻이다. 그만큼 오늘의 현실사회가 폭력의 시대, 증오와 위선의 시대를 살아가고 있다는 날카로운 고발이라고 할 수 있겠다.

이러한 생명가치에 대한 인식과 옹호는 시집의 표제시인 다음 시에서 더욱 선명하게 드러난다.

조금도 경계가 없는 비가
내린다, 한 곳도 빠트리지 않고

아무리 애써도 달라지지 않는 생의
그물을 붙든 쪽방 노인이
언제나 무상으로 찾아오는 손님을
맞으려고 물갈퀴 손등을 내민다

낡은 살의 굴곡을 따라
크고 작은 물동그라미가 또르르
반가운 노랫가락을 흥얼거린다

환희에 부푼 은빛 방울들이
파란 음표를 송알송알 엮어내고
흔들리는 잎사귀마다
손풍금을 켜는 날

멀리 지상의 응달에서
오래 묵은 상처들이

씻겨 내려가는 소리가 하염없이 둥글다

— 「수직으로 내리는 비는 둥글다 - 축제」 전문

후회의 끝에서 불안을 뱉아내는
무거운 날숨의 긴 줄기 위로
내린다, 비가 내린다
봄날 채마밭에 씨를 뿌리듯이

걸림없는 무소유의 비가
고단한 세상의 뿔을 둥글게 깍아낸다

— 「수직으로 내리는 비는 둥글다 - 동행」 부분

오늘날 현대사회는 직선과 각(角)의 시대라고 할 수 있을 만큼 날카로운 모습으로서 상징성을 지닌다. 도시는 온통 빌딩과 빌딩의 숲으로 인해서 날카로운 각의 세상을 연출한다. 그만큼 비정한 모습을 표상한다고 할 수 있으리라. 아울러 현대적 삶은 직선으로 표상된다. 모든 것이 직접적이고 직선적이며 날이 서 있는 형상이라는 뜻이다. 그러기에 현대인의 심성 또한 예각적이고 직선적이어서 원만함으로서의 인간적 따스함 또는 생명적인 부드러움을 잃어만가고 있는 것이다.

이점에서 인용시는 매우 상징적이다. 비는 비록 수

직으로 지상 위에 내리지만 그 비의 심성은 부드럽고 따뜻하며 지상의 생명들을 살려내준다. 「환희에 부푼 은빛 방울들이/파란 음표를 송알송알 엮어내고/흔들리는 잎사귀마다/손풍금을 켜는 날//멀리 지상의 응달에서/오래 묵은 상처들이/씻겨 내려가는 소리가 하염없이 둥글다」 라는 결구 속에는 이러한 생명지향성이 '은빛 방울' 같은 '둥글음'의 모습으로 제시되며 상처를 치유할 수 있게 한다. 따라서 수직의 비는 부제인 '축제'가 암시하듯이 경계가 뚜렷한 지상을 '조금도 경계가 없는 비' 처럼 경계없는 즐거운 축제의 세상으로 이끌어 간다. 또한 「내린다, 비가 내린다/봄날 채마밭에서 씨를 뿌리듯이//걸림없는 무소유의 비가/고단한 세상의 뿔을 둥글게 깍아낸다.」에서 알 수 있듯이 생명은 '씨앗' 처럼 둥근 현상에서 비롯되며 둥근 모습을 지향한다. 부드러움과 곡선의 형상이라는 뜻이다. 결국 수직으로 내리는 비는 생명을 살려내주는 원초적 힘일 뿐만 아니라 '고단한 세상의 뿔을 둥글게 깍아' 내는 부드러움의 표상이기도 한 것이다.

이 땅에서, 사랑한다는 것은
외로움을 병처럼 달고 다니는 사람끼리
홀린듯이 고성능 카메라의 셔터를 누르는 것

지리한 장마 끝에 쨍—한 햇볕이
음습한 곳까지 남김없이 비치는 날
잠시 찰랑거리는 물낯바닥 같은 것
이 땅에서, 서로 사랑한다는 것은
헛마음을 녹이고 끓이고
푹—푹— 고아서
천년이 지나도 깊은 울림을 주는
진품의 제작 과정 같은 것

이 시대, 이 땅에서
진실로 서로 사랑한다는 것은
하나뿐인 목숨을 담보하고
고대 박물관의 유물보다
더 보배로운 무언가를 찾아내는 것
그건, 사막의 신기루보다 더없이 반짝!
기적처럼 다가오는 착시 현상

—「사랑한다는 것은」 전문

사랑이란 무엇이던가? 그것은 어원적 의미에서 amor, 즉 죽음에 대한 항거이자 사람답게 생명을 누리려는 몸부림이라고 하지 않던가. 이 시에는 바로 이러한 사랑이 「천년이 지나도 깊은 울림을 주는/ 진품의 제작 과정 같은 것// 하나뿐인 목숨을 담보하고/

고대 박물관의 유물보다/ 더 보배로운 무언가를 찾아내는 것」이라는 구절에서 보듯이 삶에서 가장 보배로운 것이며 영원한 가치를 지니는 것이라는 점을 강조하고 있어 관심을 환기한다. 사랑이란 삶을 밀어주고 이끌어주는 근본적인 추동력이고 견인력이며, 동시에 존재의 보람이며 의미이고 가치라는 뜻이 되겠다.

사실 그렇지 않은가? 생명이 세상에서 가장 존귀한 것이고 가치 있는 것일진대 그 생명을 태어나게 하고, 생명을 자라게 하며, 생명을 아름다운 것으로 완성시켜주는 사랑 또한 인류에게 있어, 아니 모든 생명에게 있어 가장 소중한 의미와 가치를 지니는 게 아니겠는가.

3. 하늘의 사랑, 은총의 세계관

이러한 생명사랑과 사랑의 철학은 하늘과 땅을 지배하는 근본원리로서 하나님의 세계관, 즉 기독교적 세계관으로 구체화되고확장되어 가는 모습을 지닌다. 다시 말해 기독교적 섭리사관과 은총의 세계관이 펼쳐지고 있다는 뜻이 되겠다.

하늘에서
달빛 두레박줄을 타고 내려온다

나눌수록 끝없이
눈—처럼 밝아지는
더없는 축복

신께서 주신
영혼의 값진 자랑

땅에서 가꾸어서
천상의 별무리로 빛난다

—「남녀에 대한 따뜻한 기억」 부분

이 시에서 보듯이 남녀간의 따뜻한 기억, 즉 사랑은 「하늘에서/ 달빛 두레박줄을 타고 내려온다// 신께서 주신/ 영혼의 값진 자랑」과 같이 하나님의 섭리와 은총으로 제시된다. 사랑은 「나눌수록 끝없이/ 눈-처럼 밝아지는/ 더없는 축복// 땅에서 가꾸어서/ 천상의 별무리로 빛난다」와 같이 하늘과 땅을 움직이는 근본원리로서 작용하고 있는 모습인 것이다.

신과 짐승의 중간 위치에서 온갖 모순과 부조리를 앓으면서 모순자, 중간자로서 죄의 나날을 살아가고 있는 인간이 하나님의 전능으로서 용서와 사랑을 배우고 실천하려는 모습이 바로 사랑이라는 뜻이다. 원래 죄와 참회란 인간의 몫이고 용서와 사랑이란 하나님의 전능이라고 할 수 있지 않겠는가?

바로 이 점에서 인간에게 있어 사랑은 하나님의 사랑을 인간세계, 즉 땅에서 실천하려는 소망이면서 신의 목소리에 근접해가려는 안간힘이 아닐 수 없다. 그만큼 문현미의 시편들은 세속사로서 인간사를 노래하고 있으면서도 신성시로서 하나님의 세계로 다가가려는 열망과 염원을 담고 있는 것으로 해석된다.

이러한 하나님의 나라, 신의 음성에 가까워질수록 사람에게서는 더욱 靈性의 맑고 밝은 세계가 열릴 수 있게 됨은 물론이다. 시 「향기가 향기로울 때」는 그러한 예가 된다.

삶의 끝자락에 선 노인들이
손때 묻은 찬송가책을 들고
아이처럼 하늘 노래를 부른다
깊게 주름진 목소리에서
사람다운 향기가 난다
비유의 그물로 엮은 한 편의 시처럼
스무해 남짓의 생을 압축한
이력서를 들고 일자리를 찾는
젊은이의 싱싱한 발걸음에서
사람다운 향기가 난다

동해 바닷가 덕장에서
방금 잡은 오징어를 손질하는
아저씨의 소금기 묻은 팔뚝에서도
사람다운 향기가 난다
꽃샘 추위가 몰아치는 천사원에서
중증 지체아이를 씻기는
비누 거품 젖은 손에서도
사람다운 향기가 난다
살아온 더께만큼 어두운 나이테를 키워온
사람들이 조금, 조금씩 어둠을 몰아내는
향기로운 시간이 흘러간다
사람의 꽃마음이 지천에서 향기롭다

— 「향기가 향기로울 때」 전문

사람이 사람인 것은 사람으로서의 품격, 즉 인품의 향기가 우러날 때 더욱 제격일 것이 당연한 이치이다. 사람은 엄연히 동물의 한 종류일진대는 야수성으로서 동물성, 육체성이 자리할 수밖에 없기 때문에 끊임없이 더 높은 것으로서의 神性 또는 靈性을 지향하지 않으면 안 되는 까닭이다. 이러한 신성지향성으로 해서 사람들은 「깊게 주름진 목소리에서/ 사람다운 향기」가 날 수 있으며, 「젊은이의 싱싱한 발걸음에서// 아저씨의 소금기 묻은 팔뚝에서도// 중증 지체아이를 씻기는/ 비누 거품 젖은 손에서도」 짙은 사람의 향기를 뿜어낼 수 있는 것이다.

바로 그것이다. 사람의 향기란 동물성에서 인간성으로, 인간성에서 다시 신성과 영성을 지향할 때 비로소 풍겨날 수 있는 향기인 것이다. 그럴 때 비로소 사람들이 「조금, 조금씩 어둠을 몰아내는/ 향기로운 시간이 흘러간다/ 사람의 꽃마음이 지천에서 향기롭다」라는 구절에서처럼 신의 음성으로 조금씩 다가갈 수 있게 되는 것이다.

이 지점에서 절대자의 음성, 절대자의 빛은 바로 삶에 희망과 평화를 심어주는 구원의 표상으로 다가오게 된다

당신을 알고부터
무릎을 꿇는 버릇이 생겼습니다

산비탈 지붕마다
어둠을 가르는 연기가 솟아오르면
떨리는 두 손으로
가랑잎 등잔에 불을 켭니다

드문드문 어린 평화를 실은
별들이 밝아오고

크고 작은 상처의 무덤에 빛이 들면
내게 주신 책을 펼칩니다

미리내에 말갛게 씻은 별 하나가
방금 길을 찾은 눈동자 속에서
상한 심지를 찾아내어 기워 줍니다

당신을 알고부터
캄캄한 울음을 약속처럼 그치고
목청껏 하늘 노래를 부르곤 합니다

—「그날이 멀지 않다」 전문

당신이란 과연 누구인가? 시의 화자로서 내가 무릎 꿇는 당신은 바로 이 세상을 창조하시고 주재하시는 근원적인 힘으로서 하나님이 아니겠는가? 하나님이야말로 「떨리는 두 손으로/ 가랑잎 등잔에 불을 켜게」하시는 분이며 「크고 작은 상처의 무덤에 빛이 들게 하시는」 분이시고, 동시에 「방금 길을 찾은 눈동자 속에서/ 상한 심지를 찾아내어 기워 주시는」 절대자이자 초월자 그 분인 것이다.

말하자면 하나님이야말로 지상의 온갖 생명들에게 빛과 열을 내려주시어 생명을 나고 자라게 하여 구원받을 수 있게 해주시는 우주의 근원적인 섭리이자 힘이라는 뜻이다. 바로 여기에서 「당신을 알고부터/ 캄캄한 울음을 약속처럼 그치고/ 목청껏 하늘 노래를 부르곤 합니다」와 같이 구원의 세계로 나아갈 수 있게 됨은 물론이라 하겠다.

이렇게 볼 때 문현미의 시편들에는 기독교적 세계관, 즉 섭리사관과 은총의 세계관 그리고 부활과 영생사관이 깃들어 있음을 확언할 수 있게 된다. 이러한 종교의식이 문현미의 시로 하여금 온갖 현실계를 살아가는 절망과 아픔 가운데도 구원의 세계로 나아갈 수 있게 하는 원동력으로 작용하는데서 시적 건강성을 확보할 수 있게 해 준다.

문현미의 시는 오늘날 상처 많은 시대에 상처를 위무해 주고 치유해 주려는 사랑의 시, 평화의 시를 지향한다. 그의 사랑과 평화는 세속사로서 인간적인 정감에 뿌리를 둔 것이지만, 궁극적으로는 하나님의 사랑을 향해 나아가고자 하는 갈망과 염원을 내포함으로써 은은한 빛과 향기를 지닌다.

그의 시는 아직 충분히 젊다. 그러기에 그의 시는 가능성을 지닌 시이다. 그의 시에 상견되는 관념어나 추상어들을 극복하고 보다 구체적인 삶의 현장과 살아 숨쉬는 시어의 현장으로 나아가기를 희망한다. 유능한 시인이란 끊임없이 시어를 발굴하고 확장 • 심화해 나아감으로써 민족어의 완성을 지향해 나아가야 하는 사명을 지니는 것이기 때문이다. 그의 시가 보다 과감한 실험과 해체, 언어개신과 감수성 혁명으로 나아갈 때 그의 시는 보다 활력과 생명력을 확보해 갈 수 있을 것으로 기대되기 때문이다.

그의 시는 그런 뜻에서 진행형이고 형성형이다. 그의 시편들에서 문득문득 발견되는 좋은 시들은 그의 정신의 깊이와 시인으로서의 밝은 앞날을 기대할 수 있게 만들어준다는 점에서 충분히 희망적임에 분명하다.

어디에선가 그가 부르는 좋은 생명의 노래, 영혼의 노래 한 편이 가슴속에 메아리져옴을 느낀다.

이 세상 어디에
죽어서 다시 핀 꽃 있을까

수억만년 인간의 비밀이
꽃의 내력에서 풀린다
완성도, 미완성도
한 치 혀속에서만 살아 있을 뿐

삶과 죽음의 경계가
찰나에 녹아버리는 자리에

다시는 시들지 않을
꽃의 희망이
마침내 이루어진다

이른 아침 숲속에서
뭇천사들이 바람결에 속삭이는 소리

피어나라 그리고 사랑하라
남은 날이 사랑하고만 살기에도 부족하니
—「죽어서 다시 핀 꽃」 전문

앞으로 더욱 시인의 각고 정진을 바라며, 문운이 창성하기를 기대한다.

수직으로 내리는 비는 둥글다

인쇄일 초판 1쇄 2004년 11월 01일
2쇄 2017년 02월 01일
발행일 초판 1쇄 2004년 11월 15일
2쇄 2017년 02월 03일

지은이 문 현 미
발행인 정 진 이
발행처 새미
등록일 2005.03.15. 제17-423호

서울시 강동구 성내동 447-11 현영빌딩 2층
Tel : 442-4623~4 Fax : 442-4625
www. kookhak.co.kr
E- mail : kookhak2001@hanmail.net
ISBN 978-89-5628-142-1(93810)

가격 6,000원

* 새미는 국학자료원의 자매회사입니다.